AF224330

M. THIERS

SA VIE POLITIQUE

SA MISSION EN 1870

PRIX : **50** CENT.

TOURS

A. MAME ET FILS, ÉDITEURS

LIBRAIRIE HACHETTE ET Cⁱᵉ
SUCCURSALE PROVISOIRE, 82, RUE ROYALE

4 NOVEMBRE 1870

M. THIERS

SA MISSION EN 1870

Dans ce siècle si agité par des révolutions profondes,
qui a mis en mouvement tant d'idées nouvelles, tant
d'ambitions, tant de passions diverses, aucun homme, célèbre à tous les titres, orateur, ministre, historien, et
ayant été mêlé aux grandes affaires de l'Europe, n'a eu à
livrer au jugement de ses contemporains et de l'histoire une
vie politique remarquable par des convictions plus fermes
et par une plus parfaite unité que l'éminent citoyen qui
remplit en ce moment une mission capitale pour les destinées de la France.

M. Thiers a accepté le mandat du Gouvernement, con-
firmé par l'assentiment unanime des populations. Il avait
à reconnaître et à rectifier, au besoin, les sentiments des
puissances neutres pour la France, en face de la crise
violente qui réclame toute son énergie, et à savoir quel
concours elle pourrait, dans des circonstances données,
attendre de ces puissances. On connaît déjà les résultats
qu'il a obtenus ou préparés. Mais sa tâche n'est pas encore
accomplie. Tous les regards restent fixés sur lui, en France
et en Europe. Le pays, d'ailleurs, aura peut-être à lui demander encore d'autres sacrifices d'un repos déjà siglo-

rieusement mérité. Il importe, plus que jamais, que chacun le connaisse par ses œuvres et apprécie ses titres à la confiance publique.

C'est là le seul but de cette rapide notice, écrite à la hâte, sans prétentions, par un fidèle serviteur du parti libéral, qui, bien qu'ayant eu souvent des opinions distinctes de celles de M. Thiers, et ayant désiré quelquefois des réformes plus larges, l'a suivi d'un regard attentif, dans toute sa longue carrière, sans avoir jamais eu rien à lui demander, et qui vient dire simplement ce qu'il a vu et connu, de l'homme public et de l'homme d'État.

Né et élevé à Marseille, M. Thiers arrivait à peine à l'âge de raison lors de la double invasion de la France, en 1814 et 1815. Les sanglantes défaites de nos armées, la cruelle humiliation de l'occupation du territoire national — de 1815 à 1818 — avaient violemment blessé ses instincts patriotiques. Mais il reconnaissait déjà, dans ces événements, les suites funestes d'une ambition démesurée, qui, armée d'un pouvoir absolu, avait, par ses seuls caprices, entraîné la France dans des guerres sans limites, ameuté contre elle l'Europe entière, puis l'avait livrée, épuisée, ruinée, aux ressentiments des souverains et des peuples, avides de vengeance, fiers d'avoir brisé son orgueil, jaloux surtout de prendre des garanties contre ses nouvelles entreprises. Il avait vu, dans la charte constitutionnelle que le roi Louis XVIII avait proclamée en remontant sur le trône, dans les lois libérales qu'elle impliquait, un ensemble d'institutions qui devaient établir en France, à l'exemple de l'Angleterre, le gouvernement du pays par le pays. Il savait ce que ces institutions doivent donner à chacun de liberté et ce qu'elles assurent de puissance à la nation, par le concours de toutes les forces nationales, pour défendre ses droits et ses intérêts devant les États étrangers. Il acceptait donc, comme compensation à nos tristes revers, la monarchie constitutionnelle des Bourbons, espérant, pour la France, tout ce que cette forme de gouvernement avait réalisé de satisfaction et de grandeur pour le peuple anglais.

Cependant les Bourbons n'avaient cédé qu'aux nécessi-

tés du moment en donnant la Charte à la France, comme
pour lui faire oublier les travers, les fautes et les vices
de l'ancien régime. Au fond, ils étaient peu changés. Ils
étaient revenus avec leurs préjugés et leurs prétentions.
Ils croyaient encore à la souveraineté de droit divin. Ils
reprenaient peu à peu les traditions du passé qu'ils vou-
laient faire revivre. Leur ignorance des sentiments et des
besoins de la France, leurs actes et leurs tendances éloi-
gnèrent bientôt d'eux les esprits sincères, particulière-
ment la jeunesse des écoles, et créèrent le parti libéral,
contre la réaction qui pesait déjà sur le pays et le mena-
çait de plus en plus.

M. Thiers s'attacha tout d'abord aux opinions de ce
parti. Il faisait son droit. Mais les étroites questions que
soulèvent les intérêts particuliers et les affaires litigieuses
n'étaient pas en rapport avec l'activité et la portée de son
esprit, plus disposé à s'occuper des questions générales
et des débats politiques. L'opposition était, dès lors, représentée, dans ces débats, par des orateurs éloquents
et qui exerçaient une influence considérable dans le pays.
A leur tête marchaient le général Foy, Manuel, Lafayette,
Benjamin Constant, et d'autres encore, justement consi-
dérés par leur caractère et leur talent de tribune. M. Thiers
lisait leurs discours avec avidité, se pénétrait de leurs
doctrines, s'enivrait de leurs succès. A peine deux ou
trois journaux à Paris suivaient, dans leurs voies, ces
vaillants députés et s'associaient à leurs luttes.

Bien loin de l'âge nécessaire pour entrer à la Chambre
des Députés, attaché cependant déjà à toutes les idées,
à toutes les vues du parti libéral, M. Thiers, comptant
sur sa plume, voulut combattre aussi dans les journaux
qui entretenaient, par une action continuelle, la guerre
dont les députés frappaient les grands coups à la tribune.
Il avait 21 ans lorsqu'il vint à Paris. Le journal le plus
important de la capitale et le plus répandu dans les dé-
partements était le *Constitutionnel*. M. Thiers y fut admis
immédiatement, et s'y fit bientôt une place considérable.
Les articles n'étaient pas signés alors. Mais les lecteurs
reconnaissaient aisément *le faire* de chacun des princi-

paux rédacteurs. Les articles de M. Thiers furent tout d'abord remarqués. Ils se signalaient par la verve et le mouvement, en même temps que par la sévère justesse des critiques, par l'à-propos pratique des vues, par la netteté précise de l'expression. L'habile écrivain savait déjà tout dire, et disait tout avec un plein succès. Il faisait, aux fautes du pouvoir, une guerre vive, ardente, infatigable, sans jamais sortir des limites de l'opposition constitutionnelle, c'est-à-dire sans demander autre chose que l'application vraie, sincère de la Charte, laquelle eût réalisé toutes les libertés qu'impliquait, si elle eût été sincère et sérieuse, la concession faite par le roi Louis XVIII aux droits de la nation.

Les principaux propriétaires et rédacteurs du *Constitutionnel*, MM. Étienne, Jay, de Jouy, Tissot, hommes d'esprit, écrivains de talent, franchement libéraux, se sentaient pourtant dépassés par l'action et la hardiesse de l'opposition que faisaient, dans leur journal, M. Thiers, M. Mignet, son ami de tout temps, et Armand Carrel, encore plus nouveau venu, mais qui s'était déjà signalé avec éclat. Une séparation fut décidée. Ces trois jeunes rédacteurs du *Constitutionnel* l'abandonnèrent pour aller fonder *le National*.

Plus libre, la talent de M. Thiers se montra dès lors sous un jour plus brillant. Ses rares qualités d'écrivain et d'homme politique s'y déployèrent plus à l'aise. Il occupa un rang plus considérable dans le parti libéral. L'opposition du *National* était, d'ailleurs, plus franche, plus directe, plus exigeante, plus impitoyable que celle du *Constitutionnel*. Le nouveau journal n'attaquait pas ouvertement la dynastie; mais il réclamait d'elle toutes les libertés promises par la Charte. Il prétendait la contraindre à subir les nécessités du temps. Il réprouvait absolument le pouvoir personnel, et réclamait impérieusement le gouvernement du pays par le pays. Toute la vie politique de M. Thiers se résume dans la défense de cette double thèse, qu'on l'a vu, à près de cinquante ans de distance, soutenir avec la même énergie contre le gouvernement de l'empereur Napoléon III.

Si la royauté des Bourbons s'entêtait dans une lutte pour ses vieux priviléges et son droit suranné, on ne lui cachait pas les dangers auxquels elle s'exposerait. Si l'on ne pouvait pas s'entendre avec elle pour constituer une monarchie constitutionnelle sur le modèle de celle de l'Angleterre, on irait demander l'exemple d'un autre gouvernement aux États-Unis d'Amérique. Cela fut déclaré très-nettement dans un article fort remarqué de M. Thiers, qui disait, que s'il ne suffisait pas, pour avoir satisfaction, de *passer la Manche*, on *passerait l'Atlantique*.

Aux yeux de M. Thiers, la république ou la monarchie constitutionnelle, ce n'était, dès lors, qu'une question de forme de gouvernement, sur la solution de laquelle telles ou telles nécessités, telles ou telles convenances peuvent avoir une influence décisive. La souveraineté nationale, trouvant son expression dans le gouvernement du pays par le pays, était et est restée seule, à ses yeux, un principe avec lequel il n'est pas permis de transiger. C'est dans cet ordre de convictions que, l'entêtement des Bourbons rendant un accord impossible, *le National* déclara la guerre à la royauté de droit divin, et la combattit avec une extrême énergie. Après la révolution de juillet, à laquelle cette guerre aboutit, M. Thiers, qui voyait la monarchie constitutionnelle plus facile à établir en France avec le consentement de la très-grande majorité des citoyens, sous la loi souveraine de la Charte, refaite par les mandataires du pays, et qui croyait d'ailleurs aux résolutions loyalement libérales du duc d'Orléans, contribua personnellement à l'avénement de la nouvelle royauté.

La révolution de juillet 1830 avait été réellement l'œuvre du peuple. Le même jour, à la première nouvelle des ordonnances qui faisaient outrage à ses libertés en invoquant le droit souverain du roi, le peuple s'était spontanément soulevé, et la révolution avait été accomplie à la fois dans toutes les villes. A Paris seulement, où la garde royale résista, par esprit de discipline plus que par conviction, au mouvement populaire, la lutte fut plus longue qu'ailleurs. Lorsque la victoire du peuple, après *les trois journées* de combat vaillamment soutenu par les Parisiens, proclama la déchéance des Bourbons, il ne restait plus un seul préfet à son poste. La révolution avait été faite à la fois sur tous les points. La nation était rentrée, par sa volonté active et manifeste, en possession de sa souveraineté.

Ici finit pour M. Thiers la carrière de journaliste, et commence celle d'homme de gouvernement, puis d'homme d'État. Il fut d'abord nommé conseiller d'État, et élu député dans le département des Bouches-du-Rhône. Bientôt après, il devint sous-secrétaire d'État des finances, sur la demande du baron Louis, l'un des plus habiles, des plus fermes et des plus intègres ministres qui aient dirigé ce département, devant les difficultés et les responsabilités duquel bien des réputations sont venues échouer. Il ne tarda pas à faire preuve de ses rares facultés comme orateur, en occupant la tribune une séance entière pour analyser toutes les parties du budget et expliquer les motifs des allocations demandées pour chacune d'elles. Bientôt après, il entra dans le ministère, d'abord comme chargé du portefeuille du commerce et de l'agriculture, ensuite comme ministre de l'intérieur. Il occupa ce poste important plusieurs années, jusqu'à l'arrivée du ministère de M. Molé. Il rentra aux affaires, le 1er mars 1840, comme président du conseil et ministre des affaires étrangères. Son ministère est resté célèbre par le conflit qui fut soulevé entre la France et l'Angleterre, au sujet de la question d'Orient. M. Thiers, résistant aux exigences et aux bravades de lord Palmerston, accepta, non sans émotion, mais soutenu par une ferme et digne résolution patriotique, l'éventualité d'une guerre avec l'Angleterre. Ce fut le plus grave événement du règne de Louis-Philippe. M. Thiers s'y montra à la hauteur de ses devoirs comme ministre d'un grand pays, dans une circonstance où l'honneur et les intérêts nationaux étaient gravement engagés. Il déploya une activité infatigable. Il obtint des crédits pour augmenter l'effectif de l'armée. Il passait la plus grande partie de ses journées au ministère de la guerre. Il s'occupait lui-même du personnel et du matériel, de l'orga-

nisation et de l'approvisionnement des corps, du choix
des généraux, des perfectionnements de l'armement et de
l'artillerie en particulier. Rien n'échappait à sa vigilance.
Mais l'œuvre qui appelait le plus vivement sa sollicitude,
qui le captivait le plus, qui l'attachait le plus passionné-
ment, c'était la création des fortifications de Paris, destinées à jouer un si grand rôle dans la guerre actuelle, où
elles ont offert à la France le plus puissant moyen de
résistance.

M. Thiers travailllait tous les jours avec le général du
génie, — aujourd'hui maréchal, — Vaillant, chargé principalement de la direction des travaux ; rien ne lui échappait. Il voyait et discutait tout, jugeait tout avec la sûreté
d'un vieux praticien, développait des connaissances
exactes et pratiques qui confondaient le général Vaillant,
fort instruit cependant, mais auquel la supériorité de
coup d'œil et de décision du ministre inspiraient le
respect et l'admiration, et qui, émerveillé des facultés et
des connaissances militaires de M. Thiers, avait comme
oublié le premier ministre, ne voyait plus en lui qu'un
chef immédiat, et avait pris l'habitude de l'appeler : « Mon
général. »

Dans la chambre des députés, M. Thiers, président
du conseil et ministre des affaires étrangères, porta de
même, presque seul, le poids de la discussion du projet
de loi relatif aux moyens de la défense nationale, et plus
spécialement aux fortifications de Paris. Il eut à soutenir
de rudes combats pour cette œuvre de sa prédilection
réfléchie. Il fut violemment attaqué par les journaux,
organes de la plus grande partie de la population pari-
sienne, qui craignait de se voir gênée dans ses habitudes ; par les financiers, qui s'effrayaient du chiffre de la
dépense ; par l'opposition libérale, qui semblait voir, dans
les forts détachés surtout, des instruments de despotisme
aux mains du roi ; par les députés conservateurs, qui
cherchaient des prétextes pour renverser le ministère. Il
tint bon contre les calomnies comme devant les critiques, défendit son projet avec une chaleur patriotique qui
doublait son énergie et lui apportait des ressources

merveilleuses, avec une inconcevable puissance de tribune. Il résista ainsi fièrement, avec le sentiment d'une profonde conviction, à toutes les attaques, à toutes les objections, et, remportant enfin une victoire complète sur les oppositions réunies, réussit à faire prévaloir, non-seulement le principe des fortifications de Paris, mais aussi le système tout entier qu'il avait préféré.

Le projet de loi fut enfin voté, non à une grande majorité. N'importe: le ministre convaincu, armé du vote favorable, s'empara immédiatement des moyens d'exécution, et eut l'honneur de commencer cet immense travail, dont il devait voir, trente ans plus tard, dans des circonstances bien douloureuses pour son ardent patriotisme, l'important et décisif résultat. M. Thiers dut sentir, dans son âme, une grande et légitime satisfaction lorsque, il y a deux mois, parcourant avec le général Trochu la ligne des fortifications et les principaux forts, il contemplait leurs masses inébranlables, constatait leur inviolable force de résistance, et voyait les gardes nationaux se vouer avec confiance, sous leur abri, à la lutte qui devait arrêter les armées ennemies, les frapper de coups terribles, et préparer, — nous l'espérons! — la délivrance, le salut de la patrie.

C'était pour écrire son *Histoire de la Révolution française*, révolution signalée par tant de guerres fameuses et d'étonnantes victoires, que M. Thiers avait étudié si profondément toutes les parties de l'art de la guerre.

Cependant le roi Louis-Philippe, auquel, quoiqu'il ne manquât ni d'énergie ni de patriotisme, l'instinct des grandes choses et des résolutions héroïques faisait défaut, céda devant l'entêtement rogue et quelque peu insolent de lord Palmerston; il abandonna la politique séculaire de la France en Orient, non sans abaisser le pays devant les exigences du ministre anglais. M. Thiers, ne voulant pas se prêter à ces fâcheux compromis, donna sans hésiter sa démission, entraînant avec lui tous ses collègues; et le ministère de M. Guizot fut constitué, pour faire rentrer la France, à des conditions peu dignes, dans le concert européen.

M. Guizot venait, à la fois, faire des concessions à l'Angleterre et de la réaction à l'intérieur. Il était surtout résolu à résister au courant libéral qui réclamait des modifications à plusieurs lois fondamentales, principalement à celle qui maintenait, à des chiffres ridicules, le cens électoral et le cens d'éligibilité. De ce moment, M. Thiers passa résolûment à l'opposition et constitua le centre gauche, dont il devint le chef incontesté. Aucun autre groupe politique ne renfermait autant d'hommes vraiment remarquables. MM. de Rémusat, Duvergier de Hauranne, Léon de Malleville, et d'autres encore, étaient, pour M. Thiers, des lieutenants précieux, toujours prêts, laborieux, intelligents, ayant beaucoup étudié, et avec fruit, connaissant parfaitement le mécanisme de la constitution anglaise, fermement attachés à la cause de leur chef, à ses opinions, et même à sa situation personnelle.

On sait la guerre opiniâtre que M. Thiers fit à la politique de M. Guizot, toujours complaisant et faible devant l'étranger. On n'a pas oublié les grandes et belles discussions sur la question d'Orient, sur l'indemnité Pritchard, petit fait, mais qui attestait déplorablement les défaillances du ministre français, sur les mariages espagnols, etc. Cependant le roi s'était attaché de plus en plus, avec M. Guizot, à cette politique de faiblesse vis-à-vis de l'étranger, de résistance obstinée à tout progrès libéral. La réforme électorale la plus timide était impitoyablement repoussée. Cette dernière question touchait de plus près le pays; elle y répandit une vive agitation. Le gouvernement fit fautes sur fautes. Le roi se décida enfin à céder, mais maladroitement, incomplétement, et trop tard. Il fut surpris par les manifestations du 24 février 1848; et tandis qu'il discutait pied à pied sur la composition d'un ministère libéral, les républicains s'emparèrent de l'hôtel de ville de Paris et y proclamèrent la République. Le roi était parti misérablement; sa famille avait disparu; les deux seuls princes vaillants et populaires, le duc d'Aumale et le prince de Joinville, étaient en Algérie. Paris, surpris, accepta la République ainsi improvisée;

ces deux princes eux-mêmes, la croyant sortie d'un mouvement vraiment national, unanime, irrésistible, s'empressèrent d'y adhérer.

M. Thiers s'effaça d'abord, n'ayant rien à faire dans le tumulte de la rue. Il acceptait, sans y croire beaucoup, l'expérience de la République. Mais, lorsque le socialisme, avec ses audacieuses théories et ses brutales exigences, vint troubler profondément les esprits en menaçant tous les intérêts respectables, M. Thiers les défendit et les rassura en publiant un ouvrage, *la Propriété*, où la raison, le bon sens, la droiture de l'esprit, l'honnêteté des principes firent justice avec éclat des froids et cruels sophismes de M. Proudhon. La publication de ce volume fut tout un événement. Il ouvrit les yeux du pays sur l'étendue du danger et sur les moyens faciles de résistance. Il fit à M. Thiers une nouvelle et immense popularité.

A l'Assemblée constituante et à l'Assemblée législative, M. Thiers avait pris encore une place considérable dans le groupe d'hommes éminents, M. le duc de Broglie, M. Odilon Barrot, M. de Montalembert, M. Berryer, M. de Malleville, M. le comte Daru, etc., qui s'efforcèrent de maintenir les vrais principes de la République et leur sincère application contre les prétentions assez peu cachées du président élu, le prince Louis-Napoléon. Le 2 décembre 1851, M. Thiers fut au nombre des proscrits. Arrêté chez lui dans la nuit et enfermé à Mazas, il fut ensuite conduit en exil par un agent de police qui dut l'accompagner jusqu'à Bruxelles.

L'Empire, sorti d'un coup d'État, avait besoin de la force pour se soutenir. L'Empereur, complétement maître de la situation, écrivit seul la nouvelle constitution en s'y faisant la part du lion. Il s'y attribua un pouvoir absolu sur toutes choses, sans contrôle sérieux, sans contre-poids.

Lorsque M. Thiers put rentrer en France, après plusieurs années d'exil, il semblait n'avoir rien à faire en politique active, sous un pareil régime. Il reprit ses travaux de cabinet. Son *Histoire de la Révolution française* avait été l'un des plus grands succès du siècle. Il compléta son œuvre en écrivant l'*Histoire de la République et*

de l'Empire. Cet ouvrage, où l'on retrouve le même souffle
de passion patriotique et le même sentiment de fierté
nationale, est, sous d'autres rapports, supérieur encore au
premier. On y reconnaît l'homme d'État que l'expérience
a mûri, que le maniement des grandes affaires a complété,
l'écrivain qui possède toutes les ressources de son art,
l'historien qui, dans sa laborieuse carrière, a tout exa-
miné, tout médité, tout pratiqué. Les appréciations sont
d'une vérité saisissante ; les jugements, sans haine et sans
passion comme sans flatterie, sont fortement motivés et
d'une autorité indiscutable. L'auteur s'émeut au contact
des grandes choses ; il a des couleurs éclatantes pour les
peindre et s'élève aisément à l'enthousiasme. Sévère pour
le despotisme, il a des accents de douleur pénétrants pour
les malheurs dont ses écarts ont accablé la France et les
met en scène dans des tableaux saisissants. Le récit de la
retraite de Russie déroule le spectacle des effroyables
misères de nos soldats, celui de la campagne de France
montre les désolantes tristesses de l'invasion, les déchi-
rements et les plaies saignantes de la patrie.

Au moment où M. Thiers achevait la publication de ce
grand ouvrage qui avait grandement ajouté à sa popularité, le pays sortait d'une longue torpeur ; il retrouvait
quelques velléités d'indépendance et d'action politique.

Les élections pour le Corps législatif avaient lieu tous
les six ans. Celles de 1851, faites au lendemain du coup
d'État, n'avaient nommé partout que les candidats officiels : l'opposition ne comptait pas une seule voix dans
la Chambre. Aux élections de 1857, quelques circonscrip-
tions de Paris et une de Lyon avaient seules émis des
votes indépendants, et envoyé au Corps législatif les
cinq membres de l'opposition qui y représentaient et y
réclamaient les libertés publiques. Trois seulement,
parmi eux, avaient l'habitude de la parole : M. Émile
Ollivier, orateur facile, mais qui, sentant le besoin de se
modifier après avoir été républicain très-avancé en 1848,
ayant, d'ailleurs, une grande opinion de sa valeur personnelle et une ambition assez impatiente pour le pousser
à des compositions de conscience, cherchait sa voie,

hésitait, se contredisait, s'appliquait, tantôt à satisfaire ses électeurs, tantôt à complaire à la majorité et à faire des avances au pouvoir, et, finalement, ne gagnait pas en influence dans la chambre ce qu'il perdait en considération dans le pays; M. Ernest Picard, plus franc de caractère, plus régulier dans son opposition, plein d'esprit, ayant des mots heureux, trouvant aisément le faible de ses adversaires et le signalant vivement, mais jeune encore, inégal, manquant de gravité et d'autorité, faisant toutefois pressentir les qualités de tribune qu'il a acquises depuis; et M. Jules Favre, orateur consommé, abondant, énergique, maître de sa parole, à la hauteur des plus grands débats, mais plus préoccupé du soin de rappeler devant la Chambre et devant le pays ses principes républicains que d'obliger le Gouvernement à se modifier et d'obtenir des réformes libérales.

Dans ces conditions, les débats du Corps législatif, d'ailleurs tronqués arbitrairement dans des comptes rendus sommaires que le pouvoir faisait rédiger à sa convenance, occupaient médiocrement le pays. A partir de 1861 seulement, les débats furent publiés *in extenso* dans un compte rendu sténographié. Ils attirèrent davantage l'attention. Ceux de M. Jules Favre furent surtout remarqués. Le public en admira l'ampleur, la forme grave et souvent pompeuse; mais l'idée républicaine, qui y apparaissait toujours, arrêtait leur influence et leur action sur les masses, qui ne désiraient guère que les libertés suffisantes pour mettre un frein au pouvoir personnel, et rétablir, sans révolution, le gouvernement du pays par le pays.

Cependant l'œuvre de M. Jules Favre et de ses amis n'avait pas été sans résultats; elle avait réveillé l'opinion publique, surtout dans les grandes villes, et préparé un mouvement que leur seule position dans le parti républicain ne leur aurait pas permis d'accomplir.

Les élections de 1863 venaient dans un bon moment. Une candidature fut offerte à M. Thiers par une circonscription de Paris, et acceptée par lui, non sans quelque hésitation, tant il apercevait de difficultés à la double

tâche de faire entendre raison au pouvoir et d'entraîner
le pays dans une action limitée, de façon à obtenir des
réformes qui modifiassent la situation politique, sans faire
craindre une révolution que, très-certainement, la majorité du pays ne désirait pas alors.

Paris n'avait nommé que des députés de l'opposition.
Tous les autres appartenaient au parti avancé, qui ne cachait guère ses préférences pour la République ; M. Thiers
restait fidèle à son opinion, libérale et modérée. Cependant ce fut sa nomination qui parut la plus déplai-
sante au pouvoir, disons le mot, l'irrita le plus. Le pouvoir personnel voyait juste, en effet, du moment que,
se plaçant au point de vue de ses attributions exclu-
sives, qui livraient à ses seules volontés, à ses caprices
peut-être, la fortune, les libertés, tous les plus grands
intérêts du pays, il ne voulait rien changer à sa situation. Dans ces conditions, M. Thiers était, évidemment,
son plus redoutable adversaire.

Dans une longue vie, humblement, mais constamment
et activement mêlée à la politique, nous n'avons pas
assisté à un événement plus considérable et qui contînt
un avertissement plus sérieux que la réapparition de
M. Thiers à la tribune. Il avait bien tâté le pouls du pays.
Il ne demandait pour lui que ce que son tempérament
actuel pouvait accepter.

Il vint revendiquer LES LIBERTÉS NÉCESSAIRES pour
tout peuple qui, affranchi d'une honteuse tutelle, doit
rester maître de ses destinées, à savoir : la liberté de la
presse, la liberté de réunion, la liberté électorale, la
liberté de tribune. M. Thiers prouva qu'aucune d'elles
n'existait, et que, sous quelques apparences trompeu-
ses, leur absence maintenait réellement le pouvoir arbitraire dans sa plénitude. Sa parole était simple, calme et
modérée, mais claire et lumineuse. Sa démonstration
était écrasante de vérité. Elle mettait en évidence le pouvoir personnel, son action arbitraire, ses écarts possi-
bles, ses dangers toujours menaçants, par-dessus tout,
sa contradiction flagrante avec les principes de 1789 et
la souveraineté nationale, inscrits cependant au frontis-

pice même de la Constitution impériale, et, comme conséquences, la liberté de la presse absente puisque les journaux ne subsistaient, tels quels, que par la permission et sous le bon plaisir de l'autorité armée pour les détruire dès qu'elle le jugeait à propos, la liberté de réunion soumise aux mêmes empêchements arbitraires, la liberté électorale anéantie par les candidatures officielles que les préfets devaient faire réussir à tout prix, la liberté de la tribune anéantie par la Constitution qui limitait les attributions de la chambre élue, et par un règlement qui lui avait été imposé pour retirer à propos la parole aux députés indépendants.

Ce discours, plein de lucidité et de bon sens pratique, eut un immense retentissement. Tous les journaux indépendants le reproduisirent textuellement. Imprimé, en outre, et réimprimé à plusieurs millions d'exemplaires, répandu dans les villes et dans les campagnes, il pénétra partout, porta la lumière et la vérité dans toutes les classes de la population et changea, du jour au lendemain, l'état du pays. Il rétablissait l'opposition constitutionnelle, et en parlait le vrai langage. Il écartait l'idée de révolution, ne rappelait le pays à la vie et à l'action politique que pour demander des réformes qui lui rendissent le légitime exercice de ses droits imprescriptibles. Si ce langage avait été compris par le pouvoir impérial aussi bien qu'il fut écouté par le peuple, calme et modéré dans ses aspirations, comme l'était, dans ses conseils, l'éloquent député, que de malheurs eussent été évités ! Combien nous serions loin aujourd'hui, dans le simple et facile exercice du gouvernement parlementaire, conforme aux sentiments de l'immense majorité, des épreuves cruelles qu'il nous faut traverser et auxquelles suffit difficilement la République proclamée de nouveau à l'hôtel de ville de Paris !

Sur différentes questions spéciales, notamment sur celles du Mexique, de la ville de Paris, des finances publiques, des affaires d'Italie et de Rome, l'opposition de M. Thiers fut énergique et sévère. Les vérités qu'il révélait, les fautes qu'il accusait impitoyablement, augmentaient sa popularité et, par cela même, l'irritation et la haine du pouvoir impérial. Aux élections générales de 1869, le Gouvernement, qui laissa passer, sans chercher à y faire obstacle, la candidature de tous les anciens députés de Paris appartenant notoirement au parti républicain, imagina, contre M. Thiers seul, la coalition d'un conservateur très-honorable qui jouissait d'une certaine notoriété et d'un républicain-socialiste qui consentait à se prêter à ces manœuvres. M. Thiers fut cependant nommé, après une lutte où ses deux adversaires avaient été très-diversement, mais très-fortement appuyés par l'administration. Sa nomination fut considérée comme une véritable victoire contre le pouvoir personnel.

L'opposition de gauche avait gagné, dans les élections, un grand nombre de voix. On put reconnaître, dès l'ouverture de la session, combien les idées libérales avaient encore gagné de terrain. Il n'y a aucune exagération à dire que ce double mouvement était le résultat des vérités que M. Thiers avait fait entendre à la tribune. Le pays réclamait enfin les *libertés nécessaires,* que l'illustre orateur avait revendiquées pour lui. Le centre gauche signa un programme qui mettait le Gouvernement impérial en demeure de faire de notables concessions. La majorité, composée des députés issus des candidatures officielles, s'empressa d'en présenter un qui s'en éloignait peu.

Cette situation donnait fort à réfléchir au Gouvernement impérial. Il n'était pas possible de ne pas tenir compte d'un tel écho, au sein de la chambre, des aspirations si vivement manifestées dans les colléges électoraux. Tout en y accordant quelque satisfaction, le Gouvernement voulut éloigner l'action directe de la chambre élective et surtout de l'opposition qui y était en force.

On sait comment fut écourtée la session de 1869 à la suite de la présentation d'un message de l'Empereur qui devait, disait-on, et qui pouvait, en effet, si les réformes qu'il annonçait eussent été plus sérieuses et sincères, changer l'état de la France, consolider l'Empire, et éloigner considérablement les chances d'une nouvelle révolution.

Mais on eut bientôt lieu de croire que ces réformes, à peine inscrites dans un sénatus-consulte, inspiraient déjà des regrets et des craintes à la cour, où l'on s'occupait des moyens de rétablir avec éclat et dans toute son intensité le pouvoir personnel. Le brusque ajournement du Corps législatif avait agité et inquiété le pays. La prolongation de son absence l'irrita et lui fit concevoir, sur les projets secrets de la cour, des soupçons que les révélations faites par les papiers trouvés aux Tuileries ont pleinement confirmés. Quoi qu'il en soit, les bruits répandus suffisaient pour que M. Thiers dût se trouver le premier sur la brèche, lorsque, six mois plus tard, le Corps législatif fut enfin réuni.

Une guerre paraissait imminente. Le Gouvernement comptait sur le prestige d'une grande victoire pour frapper les esprits, flatter l'orgueil national, rétablir et accroître la popularité de l'empereur et favoriser ainsi une sorte de coup d'État contre les libertés parlementaires. Les journaux officieux affectaient de signaler chaque jour de nouveaux griefs contre la Prusse et ameutaient contre elle l'opinion publique. La candidature du prince de Hohenzollern au trône d'Espagne fournit enfin le prétexte que l'on désirait.

La session de 1870 était ouverte depuis quelques mois. Le ministère Ollivier, sans suite dans ses idées, sans principes, sans programme, incertain dans ses allures, ne savait pas trop lui-même où il allait. Le chef du cabinet venait de faire applaudir à outrance par la majorité une promesse assurée de paix, en affirmant qu'aucun point noir n'apparaissait à l'horizon. Quelques semaines seulement après cette manifestation qu'il avait provoquée, M. Émile Ollivier montait à la tribune pour annoncer, avec la même assurance, une déclaration de guerre qui fut applaudie, avec non moins d'enthousiasme, par la même majorité.

La circonstance était solennelle. Non-seulement les députés, candidats ministériels, mais aussi bon nombre de députés indépendants, formant les groupes du centre-gauche et de la gauche modérée, les uns empressés de complaire quand même aux entraînements militaires du souverain qui voulait commander l'armée, les autres croyant sans doute l'honneur engagé par les procédés de la Prusse, acceptaient avec ardeur, sans y regarder de plus près, la guerre que l'empereur allait entreprendre en personne. M. Thiers, qui avait profondément étudié la situation et qui voyait toute la gravité de la question, monta à la tribune pour repousser ouvertement le projet de guerre, en montrer les dangers et en révéler les causes secrètes, mais réelles.

Nous n'avons jamais assisté à un pareil combat de tribune. A peine M. Thiers eut-il exprimé son intention d'opposition à la guerre qui se préparait, les cris violents, les interpellations brutales, les bruits de toute nature, s'appliquèrent à couvrir sa voix et à l'empêcher d'exprimer son opinion. Les députés l'interrompaient, l'apostrophaient, l'injuriaient. Les mots les plus grossiers volaient à son adresse, jetés avec véhémence pour dominer le bruit. M. Jérôme David, un député qui touchait de très-près à la cour et qui émargeait sur les fonds secrets, le dénonça comme traître, à l'indignation publique, affirmant que ses paroles antifrançaises valaient mieux, pour les Prussiens, que plusieurs bataillons. Jamais plus de calomnies et d'invectives n'avaient assailli un orateur à la tribune. M. Thiers, cependant, conservant son sang-froid, dominant son émotion, résistant à la fatigue, jetait à la volée, dans les secondes où sa voix pouvait se faire entendre, des phrases hachées, des mots saisissants qui redoublaient la colère des centres, en caractérisant au vrai le coupable complot du Gouvernement contre la paix et la liberté, et finissait, sinon par avoir développé l'opinion réfléchie qu'il s'était proposé de porter à la tribune, au moins, par avoir fait connaître et avoir motivé sa pensée sur la guerre impolitique, funeste, impie, qu'il aurait voulu faire abandonner. On pouvait juger le lendemain, dans le compte rendu sténographié au *Journal officiel*, des efforts qu'il lui avait fallu faire pour soutenir jusqu'au bout cette scène inqualifiable. Son discours remplissait à peine une colonne et demie, et il n'était pas resté moins de deux heures à la tribune; mais, de ce discours, dans cet étrange compte rendu, pas une phrase entière, pas une seule fois trois lignes sans interruption. Sur quelques bancs mêmes de la gauche, des voix s'étaient mêlées aux vociférations des crieurs habituels de la majorité. M. de Kératry avait tenu à monter à la tribune, entre un ministre et un député de la majorité, pour acclamer la guerre, et accuser sévèrement ceux qui s'y refusaient. Quelques députés de l'extrême gauche, — onze seulement, si nous ne nous trompons, — et parmi eux M. Jules Favre, qui a appuyé son opinion par quelques mots énergiques, — ont voté, comme M. Thiers, contre les crédits demandés.

Cependant M. Thiers n'avait fait qu'en bonne connaissance de cause une opposition si opiniâtre à la guerre. Il avait, par ses informations personnelles, la certitude, — ce qu'ignoraient sans doute et les députés officiels, et les ministres, et l'empereur lui-même,— que la France n'était nullement prête pour la grande guerre qui allait s'engager. Il déclarait le lendemain, à un de ses amis, qu'il n'avait pas *voulu dire tout ce qu'il savait,* craignant de trop révéler les fautes de l'administration et la situation effroyable qu'elles feraient à l'armée si, malgré ses avertissements, la guerre devait fatalement être déclarée.

On sait ce qui est arrivé. M. Thiers n'avait été, malgré ses réserves, que trop bon prophète. Dès le premier jour de la guerre, nos armées, trop inférieures en nombre, se battaient sans vivres, sans munitions suffisantes; nos troupes, imprudemment divisées, mal engagées, souvent mal commandées, succombaient devant des forces cinq ou six fois supérieures, largement pourvues, elles, de munitions et d'approvisionnements.

Nous ne voulons pas nous appesantir sur les douloureux détails de cette funeste guerre. Nous arrivons, hélas! à la plus épouvantable catastrophe, qui a livré à l'ennemi une armée entière.

Le désastre de Sedan et le lamentable effondrement du gouvernement impérial avaient déterminé en France, à Paris surtout, une immense explosion de rage et de mépris. On voulait venger nos soldats, voués à la mort par les fautes du commandement, ou prisonniers par les défaillances du chef couronné d'une si vaillante armée. Tous les esprits étaient bouleversés. Le gouvernement qui avait si déplorablement perdu le droit au respect n'était plus possible. L'empereur était tout dans l'État. Il entraînait fatalement sa dynastie dans sa chute. La majorité même du corps législatif, ces députés naguère si obéissants aux moindres signes du maître, l'abandonnaient. Dès le samedi 3 septembre, M. Jules Favre avait pu lire à haute voix, devant la chambre, une proposition de déchéance, sans rencontrer ni un cri de protestation, ni une tentative de résistance de la part même des plus dévoués ou des plus intéressés serviteurs de la dynastie.

Le lendemain 4 septembre, à l'ouverture de la séance, M. le général de Palikao était monté à la tribune pour opposer à la proposition de M. Jules Favre un projet de loi qui n'accusait pas moins, dans la bouche du chef du ministère, la gravité de la situation : la chambre aurait à élire cinq de ses membres, qui se réuniraient au conseil des ministres pour prendre les mesures que réclamerait la défense nationale. Quelques concessions qu'il fît, ce projet ne répondait plus suffisamment aux périls et aux exigences de la situation. Il fut accueilli très-froidement. M. Thiers, qui comprenait mieux ces exigences, se leva, et, après avoir déclaré qu'il laissait de côté ses préférences et ne s'était occupé, dans des circonstances si solennelles, que de rechercher les meilleurs termes de conciliation, il lut, au milieu d'un profond silence, une proposition ainsi conçue :

« Article 1er.— Le Corps législatif nommera un comité
« de Gouvernement et de Défense nationale, composé de
« cinq membres.

« Art. 2. Une assemblée constituante sera élue aussitôt
« que les circonstances le permettront. »

Cette proposition répondait si bien aux nécessités du moment et à certaines convenances, tout en réservant les droits du pays, qu'elle fut reçue avec un très-vif assentiment dans toutes les parties de la chambre, à l'exception de quelques membres de l'extrême gauche, qui n'y opposèrent qu'un silence glacial. Elle pouvait cependant leur donner satisfaction ; car c'était la déchéance, moins le mot, et la souveraineté nationale rétablie de droit et de fait.

M. Jules Favre ayant fait observer que ni cette proposition, ni celle du ministre ne détruisaient la sienne, il fut convenu que les trois propositions allaient être renvoyées ensemble dans les bureaux, qui nommeraient une seule commission chargée de les examiner, et dont le rapport serait présenté séance tenante.

Les députés quittèrent aussitôt la salle des séances. L'attitude de la chambre n'avait d'ailleurs laissé de doutes ni sur le résultat des délibérations des bureaux, ni sur la nature du rapport que ferait la commission, ni sur le vote que la chambre aurait à émettre. Celui qui écrit ces lignes était présent à la séance. Il n'hésite pas à affirmer que, pour quiconque a quelque habitude des assemblées politiques, il était de la dernière évidence : 1° que la proposition de M. Thiers serait adoptée à une immense majorité ; 2° que le vote qui aurait lieu en conséquence, pour la composition du comité, tenant compte de la gravité de la situation, y ferait entrer M. Thiers d'abord, puis au moins un membre de la gauche, M. Jules Favre ou M. Gambetta, probablement même tous les deux, tant le chemin parcouru depuis deux jours, sous l'influence d'événements si imprévus et si terribles, était déjà considérable ! Le gouvernement provisoire, ainsi nommé, en déclarant seulement les nécessités immédiates de la situation et en proclamant une fois de plus le principe sacré de la souveraineté du peuple, ne préjugeait rien autre chose. Il devait donner satisfaction à toutes les opinions, laisser la porte ouverte à toutes les éventualités. Il avait surtout, — avantage considérable, — une base do droit. Nul n'aurait pu le méconnaître, ni à l'intérieur ni à l'extérieur. Il n'aurait eu que la double mission, expressément définie, de la Défense nationale et de la convocation, dans le plus bref délai, d'une assemblée constituante. Si, pendant son existence, il y avait eu lieu à des négociations urgentes avec quelque puissance étrangère, avec la Prusse elle-même, nulle ne se serait crue fondée à le récuser et à attendre la convocation de la nouvelle assemblée.

On sait comment ces prévisions furent renversées : l'irruption du flot populaire dans la salle des séances, la dispersion de l'assemblée et la constitution d'un autre gouvernement provisoire, improvisé à l'hôtel de ville et proclamant aussitôt la république. Par des motifs qu'il est assez difficile d'apprécier, il fut décidé que ce gouvernement serait composé des députés élus à Paris. A ce titre, M. Thiers était appelé à en faire partie. Il y fut invité, quoiqu'il ne se trouvât pas, on le pense bien, à la réunion de l'hôtel de ville. Il se récusa, en raison de sa fidélité inviolable au principe de la souveraineté nationale, dont il désirait partout et toujours l'expression libre et la sincère application. En dehors de ces conditions, il ne se croyait fondé à accepter aucune fonction ; à plus forte raison ne pouvait-il pas se croire autorisé à se saisir, pour sa part, d'un pouvoir dictatorial. Mais, reconnaissant le danger des divisions déclarées dans un pareil moment, il resta parfaitement résolu, dans un intérêt de salut public, à ne faire nullement obstacle à l'action de ses anciens collègues qui assumaient la charge considérable de continuer la guerre et de maintenir l'ordre, de délivrer la France de l'invasion et de la préserver de l'anarchie. Il se tint dès lors dans une réserve complète, profondément ému des malheurs de la France, non toutefois sans tenir compte, d'ailleurs, du dévouement et de l'activité du gouvernement provisoire, des bonnes et fermes intentions de ses principaux membres.

La guerre suivait cependant sa marche inflexible. La supériorité de nombre, d'organisation et d'armement des armées prussiennes nous infligeait des pertes cruelles. L'ennemi faisait, sur notre territoire, des progrès incessants. Les populations gémissaient, inquiètes, agitées, mécontentes sur quelques points, difficiles à contenir sur d'autres, désespérées et mal disposées à une résistance où s'épuisaient inutilement leur fortune et leur sang.

Le Gouvernement luttait avec une extrême énergie contre ces difficultés pressantes. Ce n'est que justice de reconnaître l'immense activité et les succès relatifs de ses efforts pour reconstituer nos moyens de combat et surtout pour organiser à Paris une défense vigoureuse. Il avait su mettre en mouvement, dans une action commune, tout le dévouement, toutes les forces de la population — ordinairement si divisée — de la grande capitale, qui donneaujourd'hui au monde l'admirable spectacle de deux millions d'habitants résolus à supporter les souffrances extrêmes d'un siége, prêts à tous les sacrifices de la guerre, formés à toutes les habitudes de la vie de camp, et dont la virile attitude, en arrêtant cinq cent mille Prussiens devant l'enceinte inexpugnable, a changé considérablement la face des choses. Quelque occupé qu'il fût à ce travail colossal pour Paris, le Gouvernement s'occupait également de rendre aux armées actives les moyens de prendre l'offensive et de préparer enfin, après tant d'anxiétés, une meilleure fin de la guerre.

Cependant l'attitude des puissances neutres était aussi une cause de sérieuses préoccupations.

Ces Puissances avaient, avec le Gouvernement, des rapports polis, mais réservés, tandis que la Prusse refusait hautement de le reconnaître. On eût donc été fort embarrassé si les suites de la guerre avaient été telles que l'on en vînt à désirer d'entrer en négociation avec le quartier général prussien. On se fût trouvé en face de son refus, sans avoir à compter sur l'intervention d'aucune des Puissances neutres.

Le Gouvernement dut reconnaître alors la faute de son origine, sans base de droit, et les embarras qu'elle lui créait. Ce fut dans ces conditions qu'il fit appel au patriotisme et à la renommée de M. Thiers, dont la conduite et la politique dans les questions extérieures avaient toujours été parfaitement correctes et régulières. On lui demandait de se mettre en rapports avec les cabinets anglais, autrichien, russe et italien. Il avait à leur faire reconnaître la solidarité de leurs intérêts avec les nôtres, ce qu'ils avaient à souffrir eux-mêmes de la guerre pour-

suivie avec tant d'acharnement, les périls auxquels les
exposaient aussi les prétentions excessives et hautaines
de la Prusse. Il devait les amener à se montrer touchés
des malheurs de la France, à lui rendre leurs sympathies
actives, et à rechercher avec elle les moyens de rétablir
une paix sans dommages pour son honneur et son avenir,
comme sans dangers pour l'Europe.

L'illustre homme d'État ne méconnaissait ni les difficultés, ni les fatigues de la mission dont on le priait de
se charger. Il aurait à expliquer une situation qu'il n'avait
ni faite, ni voulue; à défendre un Gouvernement dont il
n'avait approuvé lui-même, on le sait, ni l'origine ni
tous les actes. Mais il avait à servir la France, à la représenter et à parler pour elle. Tout en regrettant, d'ailleurs, que ce Gouvernement, chargé des destinées de la
France, ne fût qu'un Gouvernement de fait, né d'un
mouvement populaire, il lui savait gré de ses soins pour
maintenir l'ordre et de ses efforts patriotiques pour défendre le territoire national. Il accepta.

Le Gouvernement avait eu, en s'adressant à M. Thiers,
une heureuse inspiration. Il n'y avait pas un autre homme
politique, en France, qui pût se faire écouter, aussi bien
que lui, par les divers cabinets, leur inspirer autant de
confiance, ranimer leur intérêt pour notre pays au milieu
de ses douloureuses épreuves, les ramener enfin à des
relations diplomatiques régulières et complètes qui ne
laissassent plus la France isolée en Europe.

M. Thiers se mit en route. Il visita successivement les
cabinets et les cours de Londres, de Saint-Pétersbourg, de Vienne et de Florence. Il vit lord Granville et
M. Gladstone, le prince Gortschakof et l'empereur de
Russie, le comte de Beust, le comte Andrassy et l'empereur d'Autriche, les ministres d'Italie et le roi Victor-
Emmanuel. M. Thiers a toutes les qualités d'esprit, de
tact, d'expérience politique et de mesure que comportait
sa mission si compliquée et si délicate. Partout il sut
approprier son langage aux convenances des cabinets,
des États et des personnages, invoquer tour à tour le
passé et l'avenir, faire appel aux souvenirs ou aux inté-

rêts, mettre en lumière les considérations de gratitude ou de bonne politique qui ne permettaient à aucun État d'assister indifféremment aux malheurs de la France. De l'excellent accueil qu'on lui faisait, des dispositions favorables qu'on lui exprimait, il se montrait heureux pour la France, plutôt que glorieux pour lui-même. Tous les témoignages qui venaient vers lui à titre personnel, c'était à elle qu'il les reportait. Il ne s'agissait pas, pour lui, d'obtenir des satisfactions d'amour-propre. Il ne voyait, dans les bons procédés qu'on lui prodiguait, que des moyens d'agir plus fortement. Rien ne pouvait lui faire perdre de vue son but essentiel : rattacher les ministres et les souverains à sa chère patrie, et, pour cela, dégager la responsabilité de la France des utopies et des excès de la démagogie ; la faire reconnaître telle qu'elle est, libérale et amie de la paix, ni turbulente ni avide de conquêtes, engagée dans une guerre qu'elle n'avait pas voulue, et qui, désastreuse pour elle, devenait inquiétante aussi pour l'Europe ; rétablir enfin ses relations avec les grands États dans des conditions de sympathie, d'amitié et de confiance.

M. Thiers avait pu constater tout d'abord que nulle part on n'était disposé à faire un grief à la France de la chute de l'Empire. On considérait l'empereur Napoléon comme un grand perturbateur qui n'avait pas cessé de troubler ou de menacer le repos de l'Europe. Personne ne le regrettait. On n'avait donc pas de parti pris contre un nouveau Gouvernement. On n'entendait pas se défier d'avance de la République. On l'acceptait pour la France, avec laquelle on désirait vivre en bonne intelligence, pourvu qu'elle fût modérée et pacifique.

L'éminent ambassadeur extraordinaire se sentait à son aise pour donner, à cet égard, de sérieuses garanties. La France n'avait ni voulu ni désiré aucune des guerres du second Empire ; l'empereur seul les avait décidées toutes. Elle était attachée à la paix, comme à l'ordre intérieur, par ses intérêts, par tous ses sentiments, par le progrès de ses idées et de ses mœurs. Le Gouvernement de la nouvelle République était, sur ces points, en complet accord avec le pays. Il avait prouvé son goût pour l'ordre en arrêtant avec fermeté les entreprises des révolutionnaires exaltés. Il prouverait ses préférences pour la paix en l'acceptant, sans aucune arrière-pensée de revanche, dès qu'il pourrait le faire honorablement et sûrement. Le Gouvernement actuel de la France attestait, en outre, devant son pays qui l'approuvait et devant l'étranger qui devait le croire, ses intentions, sa politique d'ordre et de paix, par le choix même de l'ambassadeur qu'il avait chargé de la plus importante mission, lequel n'aurait pu, sans mentir à tout son passé et à ses convictions, ni défendre une autre politique, ni représenter ce Gouvernement, s'il ne l'avait pas su sincèrement et loyalement dévoué à celle que lui-même voulait fermement maintenir.

M. Thiers a pu encore recueillir l'expression de l'opinion que toutes les grandes puissances ont de la France, les motifs honorables de la sympathie dont elles se montraient prêtes à lui apporter d'utiles témoignages. Elles ne veulent, ni son amoindrissement, ni ses souffrances prolongées. Elles tiennent à son intégrité et au maintien de la situation qui lui assure sa part légitime d'influence, parce que, aux yeux de toutes également, la France, telle qu'elle est, représente l'équilibre de l'Europe et la civilisation du siècle.

Cette mission si dignement et habilement remplie par M. Thiers a déjà porté ses fruits.

Lorsqu'il était encore en route, un intermédiaire lui avait fait connaître le désir de S. M. le roi de Prusse et de M. de Bismarck, de s'entretenir avec lui de la situation. M. Thiers avait répondu, dès lors, que, tout en se tenant pour très-honoré de l'invitation du roi, il ne pourrait se rendre à Versailles qu'après avoir passé par Tours et par Paris, et obtenu des deux parties du Gouvernement les pouvoirs nécessaires. Le jour même de son arrivée à Tours, il connut, d'ailleurs, d'autres résultats importants de sa mission. Il avait amené les quatre grandes puissances à agir sans délai. Les représentants de la Russie et de l'Angleterre firent savoir à la Délégation du Gouvernement, et à lui-même, qu'ils venaient d'adresser au quartier général prussien une proposition d'armistice, en demandant un sauf-conduit *pour M. Thiers*, afin qu'il pût se rendre à Paris, y conférer avec le Gouvernement, et se rendre ensuite au quartier général prussien pour y négocier les conditions de l'armistice. D'autres communications lui apprirent, aussitôt après, que cette proposition avait été fortement appuyée par l'Autriche et par l'Italie. De sorte que le rétablissement de la paix se trouverait, dès lors, grâce à M. Thiers, poursuivi par l'unanimité des grandes puissances neutres.

Il n'est pas sans intérêt d'ajouter, en ce qui concerne la Russie, que l'empereur Alexandre, après avoir vu M. Thiers, avait adressé personnellement au roi de Prusse, son neveu, une lettre dans laquelle il lui demandait, en termes pressants, de se prêter au rétablissement de la paix. C'est donc la Russie qui, la première, à la suite de la mission de M. Thiers, fit une démarche attestant le vif intérêt qu'elle prenait au rétablissement de la paix. Mais la difficulté d'engager des négociations avec le Gouvernement de Paris, que la Prusse n'avait pas reconnu, subsistait toujours. Ce fut l'Angleterre qui, pour lever cet obstacle, ouvrit l'idée d'un armistice militaire, pendant la durée duquel une Assemblée constituante pourrait être élue. La Russie y adhéra avec empressement, ainsi que l'Autriche et l'Italie. Ce fut dans ces termes que la proposition fut adressée au quartier général par les quatre grandes puissances neutres, et communiquée aussitôt à la Délégation du Gouvernement à Tours.

C'est un devoir, pour nous, de rendre hommage au zèle et au dévouement empressé avec lesquels les représentants à Tours des grandes puissances neutres se sont appliqués à assurer les résultats de la mission de M. Thiers.

Lord Lyons, animé des meilleurs sentiments pour la France, plein de chaleur et de sympathie, n'a pas peu contribué à déterminer l'adhésion du cabinet anglais à une action commune. Le prince de Metternich, persévéramment appliqué, depuis près de dix ans, à resserrer les liens qui unissent la France et l'Autriche, presque naturalisé chez nous par les nombreuses amitiés qu'il s'y est créées, par son esprit aimable, par la sûreté de ses relations, et par son salon excellemment parisien, où président le goût et la plus exquise bonne grâce, a mis toute son intelligente activité au service des intérêts français et européens que satisfaisait une paix honorable. Dans une position plus modeste, M. Oukounew, chargé des affaires de Russie, s'est fait le fidèle interprète des très bonnes dispositions de l'empereur Alexandre, et M. le chevalier Nigra a prouvé une fois de plus, avec toutes les qualités, si bien appréciées, de son esprit et de son caractère, que l'Italie n'oublie pas les droits de la France à sa constante amitié.

Il importe, toutefois, d'insister sur ce point : qu'il n'est question ici que d'un armistice à établir sur des bases exclusivement militaires, qui n'aura nullement à s'occuper de l'à-propos ou des conditions éventuelles de la paix. Il a pour but essentiel de fournir à la France le moyen d'élire une Assemblée constituante, et d'établir un Gouvernement de droit avec lequel la Prusse, qui ne reconnaît pas le Gouvernement de l'hôtel de ville, puisse traiter quand il y aura lieu.

Mais, quelles que soient les déclarations qui déterminent rigoureusement le caractère limité de l'armistice, il est permis de voir, dans le concert des puissances neutres pour l'obtenir, un témoignage de leurs préférences pour une paix qui convienne à la France, une voie ouverte par elles pour y arriver, et un indice de leurs dispositions empressées à appuyer les ouvertures qui pourront être faites ultérieurement pour la rétablir.

La proposition d'armistice et la demande d'un sauf-conduit pour M. Thiers, formulées ou appuyées par toutes les grandes puissances neutres, font, à l'illustre représentant de la France, une position sans exemple dans l'histoire de la diplomatie. Après avoir été prié par le Gouvernement français de se charger, pour ainsi dire, en son nom personnel, d'une mission de la plus haute gravité, M. Thiers se trouve nommément désigné, suivant la force des choses, par ces puissances, dans leur demande d'un sauf-conduit pour les négociations d'armistice, que l'on peut considérer comme la première et heureuse conséquence de cette mission. Ce fait, sans avoir rien de déplaisant pour le Gouvernement français, qui a, le premier, fait appel à son dévouement patriotique, comptant sur l'autorité de son expérience, de ses lumières et de son caractère, rehausse encore singulièrement la situation personnelle de M. Thiers, et le met à même de rendre à son pays des services encore plus importants.

Conformément à l'ouverture qui lui avait été faite pendant son voyage, M. Thiers avait reçu, par la voie d'Orléans, aussitôt après son arrivée à Tours, un sauf-conduit qui l'autorisait à se rendre au quartier général prussien à Versailles. Il avait persisté à répondre qu'il ne pouvait y aller qu'en passant par Paris; car, s'il était muni des pouvoirs de la délégation de Tours, il n'avait pas ceux du gouvernement qui siége à Paris.

M. Thiers avait d'ailleurs, pour insister sur ce point, deux raisons : la première, c'est que, s'il avait pu, à la suite de l'appel que l'on avait fait à son zèle, se rendre auprès des ministres et des souverains sans être officiellement accrédité quand il n'avait qu'à les édifier sur la situation vraie de la France et de l'Europe, et à réveiller leurs sympathies pour la première, leur sollicitude intéressée pour le repos de la seconde, il ne saurait suivre des négociations officielles et signer des actes internationaux sans y être régulièrement autorisé. Or, ses pouvoirs donnés à Tours étaient incomplets s'ils n'étaient pas confirmés à Paris. La seconde, c'est que tout ce qu'il pourrait, dans cet état de choses, stipuler à Versailles, serait inutile, car le gouvernement de Paris n'exécuterait pas des arrangements stipulés sans concert préalable avec lui.

Quel que soit d'ailleurs le résultat final de ses démarches, M. Thiers aura bien mérité de la patrie. Il a droit à la reconnaissance publique pour avoir accepté, malgré son âge avancé, cette mission laborieuse autant que délicate, qu'il a conduite avec autant de savoir-faire et de dignité que de succès. Il a été trente-neuf jours absent, sur lesquels il a eu vingt et un jours de route. Pour se rendre notamment, de Londres à Saint-Pétersbourg, il ne lui a pas fallu moins de neuf fois vingt-quatre heures, pendant lesquelles il ne s'est arrêté qu'une seule nuit. Son séjour à Tours, à la suite d'un si pénible voyage, est loin de pouvoir être considéré comme un temps de repos.

Dès le lendemain de son arrivée, il a eu une longue conférence avec les membres de la Délégation du gouvernement, et a vu les ambassadeurs, le nonce du Pape, l'archevêque et d'autres personnages en grand nombre. Ce même jour et depuis, il n'a pas cessé d'être occupé. On ne sait vraiment qu'admirer le plus de la force physique qui résiste à tant de fatigues, ou de la vigueur d'esprit qui reste toujours prête pour des travaux de l'ordre le plus élevé, pour les conférences les plus sérieuses, pour des récits, des conversations où brille une verve inépuisable, étincelante, pour des conseils qu'inspirent la plus ferme expérience et une sagesse politique également à l'abri des faiblesses et des témérités, des ressentiments, des passions et des préjugés.

Cette belle mission pourrait compléter la carrière la mieux remplie. Nous ne disons pas qu'elle achève et couronne celle de M. Thiers. Il aura encore à rendre à son pays des services assez élevés pour qu'il considère comme un devoir patriotique de ne pas s'y refuser. Il sera d'abord le négociateur obligé, non-seulement de l'armistice en projet, mais aussi de la paix qui viendra mettre fin à l'effroyable guerre dont l'humanité et la civilisation ont tant à gémir. On peut être assuré que, discutée et stipulée par lui, cette paix sera honorable et bonne pour la France. Quand il l'aura signée, les consciences les plus difficiles devront l'accepter de confiance. Nos épreuves ne seront pas finies là. Avec la Constituante se ranimeront des conflits et surgiront des difficultés devant lesquels ce ne sera pas trop de la puissante intervention et de l'influence respectée de M. Thiers. Il aura encore alors un rôle considérable à jouer. Il ne résistera pas aux appels reconnaissants et confiants du pays, qui s'empresseront de l'y convier.

P. S. Ces quelques pages étaient écrites, lorsque M. Thiers reçut, le vendredi 29 octobre, du quartier général prussien, un sauf-conduit tel qu'il avait été demandé pour lui. Il s'est mis en route le même jour, et a couché le soir à Orléans, le lendemain samedi à Versailles, et est entré à Paris le dimanche matin. Au moment où nous traçons ces dernières lignes, il a vu le Gouvernement de Paris approuver, après avoir entendu ses explications, le projet d'armistice. Il doit être aujourd'hui même à Versailles, luttant seul, pour l'honneur et les intérêts de la France, contre les prétentions ambitieuses du roi de Prusse, appuyées par M. de Bismarck. Dans cette entrevue solennelle, la France sera, on peut en être assuré, dignement et sagement représentée.

Tours, le 3 novembre 1870.